I0395287

www.ingramcontent.com/pod-product-compliance
Lightning Source LLC
Chambersburg PA
CBHW030253100526
44590CB00012B/393
9781914940040

دیارِ دور، نگاهِ نزدیک

مجموعه اشعار کوتاه
۱۳۵۹-۱۳۶۳

تجلی کشاورز

چاپ اول: جولای ۲۰۲۳ (تیر ۱۴۰۱)
کلیه حقوق برای نویسنده محفوظ است ©

First Edition: July 2023

Tajalli Keshavarz
tajalli.keshavarz@gmail.com

ISBN: 978-1-914940-04-0

طراحی و چاپ: انتشارات پژواک پارسه (جولای ۲۰۲۳)

Persian Echo

به ژیلا

پیشگفتار

دفتری که روبروی شماست، شامل اشعاری است که متجاوز از چهل سال پیش سروده ام و برای اولین بار به چاپ میرسند. در ضمن تنظیم این مجموعه، سیر ذهنی و احساسی را تجربه کرده ام که شاید ابعادی از آن را با شما در میان بگذارم از آنجا که مقدار زیاد ای از گفتگوهای خودم با خودم در این زمینه، انگار محتاج و جستجو گرِ بینشِ اذهانِ بیشتر ای است.

روزی از روزهای اخیر، بعبارتی همّتی کردم و دست گذاشتم بر دفترچه ای که در گوشه ای گوئی انتظار میکشید تا نیم نگاهی بر آن بیندازم. و انداختم. دفترِ نه فقط سالدیده بلکه گردِ منازلی از کشورها بخود دیده سخن آغاز کرد، نخست از دوری گفت و دردِ در گوشه ای رها شدن و در بی اعتنائی خاک خوردن. و بعد شادمانه گفت "دیدار شد میسر و بوس و کنار هم" و گفت این من و این تو و مشتاقم ببینم که چه خواهی کرد .

به خود گفتم چه کار ای بود که کردی که هر شعرِ این دفتر ابرازِ لحظه ای است که با خودت و با اطراف و اطرافیانت داشته ای و مگر نه اینکه گفته اند آن به که از گذشته بگذری و به آینده ننگری و لحظه را بسر بری؟ اما در یادها کششی است که فروگذار نتوان کرد و از آندم که دستم بر دفتر کشیده شد روشن بود که چه در پیش است .

پس دانه به دانه دوباره با هریک از اشعارِ عمدتاً کوتاه، برخی به روشِ هایکو، یادها را زیستم آنطور که اکنون به خاطرم میرسید که همانطور که با گذشت زمان تغییر کرده ام در صورت و سیرت، همانطور هم خاطرات برایم چون موجوداتِ غریب و آشنا تغییر کرده اند که برای من تغییر اصل خلقت است. باری، با اشعار در خود و به خود خندیدم، گریستم و خشم و افسوس و بازبینیِ عشق و زیبائی را تجربه کردم .

پس صحبت از این شد که با اشعار چه کنم؟ دوباره دفتر را به گوشهٔ امن اش بفرستم که در فراموشی امنیت است؟ یا فاش به ابراز برای همگان برخیزم که "فاش میگویم و از گفتهٔ خود دلشادم"؟ دیدم که برخی

از اشعار را صمیمانه هنوز دوست دارم اما با ارقامی انگار رابطهٔ نزدیک ندارم. و پرسیدم که چه باید کرد که لحظهٔ "بودن یا نبودن" برای برخی از سروده ها رسیده بود. روزِ خوش ای بود و دوستی صمیمی و قدیمی گفت "آنچه گفته ای گفته ای و پذیرش و انکار تو آنِ توست اما چرا دیگر خوانندگان را از لذت یا نفرت نسبت به نوشته ات محروم میکنی؟" و بخود گفتم سیر ای بوده در نوشتن این اشعار که در چهل سال پیش سروده ام. سیر درونی که گفتم و سیر در روشِ سرودن. و شاید که به چاپ برسانم که با سروده های دیگر که به چاپ رسیده و خواهد رسید این سیر ابراز شود .
اینستکه این نسخهٔ سروده های قدیمی در مقابلت قرار گرفت. باشد که مورد پسند و تحرک قرار گیرد.
تجلی

tajalli.keshavarz@gmail.com
Instagram: tajalli.keshavarz
Twitter: @TajKeshavarz

تنها
نگاه میکنم
کناری
از
خاطراتم
به جویِ خیابان
داغ
میرسد.
این لحظه
در من
گم میشود

تو را میجویم
به تو در توی ستونها
به کنارِ طاقها
با نورِ آشنا
صدای آشنا

می‌آید
در این لحظه
طاقهای طلائی را
حضورِ مِهر است
در
گذر

شعر ی
بسادگیِ صحرا
شعری
به روانیِ آب
به سهولتِ پرواز
برای طبیعت گفتم

شعری گفتم
از خود او
برای او
و آنرا
به نسیم دادم

شعری گفتم
با یک
لغت
با یک
معنی
و هزار
قافیه
هزار
وزن

شعری که گفتم
طبیعت بود
تو بودی
و من
و
باد
که میگذشت

لحظه شکست
لحظه
شکست و فروریخت
و برگهای این بوته
باد را
به بوتۀ دیگر
سپردند

لبخندِ زخمیِ تو
فریادِ پشتِ قرون
در
خونِ منست
باران
ساده
میریزد
با اطلسی ها
و بوی
نرم
استوائی
نشسته ام
و
شورشِ دیگر

ببین
در برگِ درختانِ
استوائی
و ثقلِ
این هوا
نیاز منست
به تو

از سوگواریِ درون
تا شورشِ بیرون
تنها نشسته ام
با لبخندِ زخمیِ
ساکت
از من
گذر میکنی
مرا بخاطر سپرده ای؟

آفتاب
با باد
پائین رفت
زَردِ نور
بر علفهای جوان نشست
کنارِ من

خورشیدِ طلوع
در دلِ درخت
و داستانی
طویل
طویل
طویل.
پروانه های باد
از پسِ
انتظار ای
خشک
و خورشید
ساکت
است
من
فریادِ ماجرایم
در شکلِ گیج
من
در طلوعِ دیر
خشم ای
که از زنجیر
گذشت

اکنون
زنجیر
در حلقۀ خونست
خون
و آفتابِ طلوع
و سالهای بغض
حرفهاشان را
زده اند.
من
فریادِ ماجرایم
که داستانِ سالها را
سالهای
سالهای
سال را
با
سوزنِ خورشید
در خون کشیده ام
رگهایم
از طپشِ حرفها
پُر اند
و اینطور
بی جهت
نشسته اند.

و این درختِ
خشک
حاشیه
نشین
در ابهامِ صبح
در انتظارِ هیچ طلوعی
نیست
او
انفجارِ
خشک است
در حلقۀ خون.

برگِ سرخ
بر شاخۀ منحنی
به گفتگوی
من و تو
رسید
ابر
آرام
زمانی
با ما
نشسته بود
صورتت
در آینه رفت
رفت
من ماندم
و
شاخۀ منحنی
و
تارِ نور.
کجاست
صحبتِ
لغزانِ
در عبور؟

شراب و گلدان
خاکسترِ گفتگو
و باد
وقتیکه آفتاب
گذشت.
ماندن
در لحظه ای
که با آتش
رفته بود.
گوشهٔ لبهات
امید ای بود
در گذشتِ
آفتاب.
از پنجره
تا خیابان
خطرِ
رهائی

در باد.
خنده ای
در باد
رفت
خاکستر ای
با باد
نشست

خانهٔ
صورتی
در غروبّ
سرخ
با فنجانِ
صورتی
نشستم
طوفان
در باران بود
در من
ابر وزید.
با یادِ طویل
که
در سبزِ دور
میآمد
صورتِ تو
نشست
گفتم:
"درختها
جوانه کرده اند
و سبزهای
جوان
منتظرِ
دستهای من اند

با تو
اما
نگاه بود
و
سکوت.
گفتم:
"انتظارِ خشک
با نویدِ من
در زیرِ باران
شکسته است
منم
و جوانه های
سرخ
و ارضای
خاک
و سرخ ها
با انگشتهایم
سبز
میشوند
دانه دانه"
با تو
سکوت بود
و
کلام:

"دستهایت
اخگرند
و جوانه های
آن درخت
آتش".
درخت
ریزشِ آتش بود
بر خاک ای
که گذشت
و ما
که
گذشتیم

در فصلِ
انجیرهای کال
درختِ بزرگ
امیدِ من بود
وقتی که
طرحِ تشکّل می‌ریختم
خطِ امیدِ من
تا نهایتِ خوبی
کلام داشت

اما
در باغِ گیاهانِ
استوائی
بخار
از شکل می‌رفت
طرّاحانِ خوبی
پیامِ سکون را
به هر حفرۀ امید
رساندند

و من
از خوبیِ
راکد
گذشتم

صدای پرنده
از بطنِ درخت
میآمد
فریاد ای
بمن
کشیده شد
از سنگ.
روی صندلیِ راه راهِ چوب
سی و چهار سال
رفته بود.
از سنگ
تا
به گوشت
فریادِ جدید
در صبحِ
خاکستری
و نجوایِ
آرامِ
تکرار
اطمینانِ
تکرار.
سی و چهار
شاخهٔ نحیف
در زیرِ باد.

صبحِ بعد از
سی و چهار
و پرندهٔ سنگ
از بطنِ درخت
ای
که پس از طوفانِ شِن
تنومند
مینمود

مرد ای که با چترش
در این صبح
تند دوید
بوی عطرش
در باران
کنار من
و درخت
ایستاده
و برگها
که
در کفِ دستهایم
جا نمیگیرند.
از بچگی ام
مدتهاست
رفته ام

اسبِ چوبی
حیاطِ سنگی
و آفتاب
که از برگهای انگور
میریخت
روی پله ها
بنشین
سیاه پوشیده ای
با ذغال
در دستهایت.
و...
موهایت
و
چشمهات.
روی پله ها
بنشین
با باد
که
کنارمان
میچرخد

نور
از کنارِ ابر
به آبِ زرد
میرسد
پرندۀ تنها
بر
قایقِ خالی
که آرام
میگذرد
با فریاد ای
از دور
تمامِ پرنده ها
میروند
آبِ
خاکستری
وزشِ
بادِ
سرد

بادِ
داغ
و
تابشِ
خورشید
در زمین ای
دور
دور.
فنجان
در پشتِ
پنجره
با گیاه ای
در آن گوشه
و
یک کتاب.

در برگ ای
که افتاد
تا زمین
لرزشِ تصویر
با من بود
در برگ ای
که ماند
از زمین
تا
آبیِ دوُر
تصویری
نبود.
ماندم
تا غروب
که برگها
سیاه شوند

صورتت
تفسیر است
در دستم
نگاهت
شورشِ
جَدل.
فنجان بر لبت
آرام
از آینه
میگذری
آرام
و میدانی
آشکالِ
فکرم را

قطره های
ساعت
برسنگِ جوان
وقتیکه
زمستان شد.
بویِ
سردِ
یخ ای
که گل داد
آب ای
که سنگین
ریخت.

بخارِ
ساعت
در ترکهای
سنگ
با خورشیدِ قاطع
و
شمعدانی.

بادِ
ساعت
بَر گرد ای
که گذشت
و گلِ آهار
در فصلِ
تشریفات

در ارتباطِ منقوشِ
قالی
و
من

شلوغیِ
طرح است
و
ریزشِ
سرخ.
در نرمشِ نور
برانحنای
استکان
در عصر
رسوبِ
تفاله هاست.
ابرازِ
کنارِ
پنجره
مانده است
تا
بگذرد

اکنون
زمانِ
گذشتن
از ابر
و
پنجره است

در آمدنِ باران
و
گذشتنِ ابر
زندگیِ
ساقهٔ
علفی است
شقیقه ام بر خاک
تقاطعِ
خط ای
از چشم
و
رشد ای
از سبز.
رَنگ
بر دیوارِ آجری
حصیر
بر شیشه
اما
تبخیرِ
خطِ
نگاه
و درنگِ
سبز در آبی

گذشتِ
نرمِ
نوری اند.
در اطاقها
قاشق
به ظرف میخورَد
و ذرّاتِ معلق
از حصیر
تا
دیوار
از گوشت
به
گوشت
راسب اند

پرنده میخوانَد
در ابر
با شتاب
تپه
در باران
و
برگ
و
باد
من
با شعر ای
از وقتی...
کیف بر پشت
کیف در دست
کیف
با بَندش
روی شانه ام
من
نشسته ام
مورّب
با هاشورهای
گذشته.

آتش ای بساز
در هجومِ باران
که دستهایش
پیر
هنوز زیباست
و
چشمهایش.
تصویر ای
بر آتش رفت
دستی
و
چشمی
خونِ
آتش بود

بیرون
هاشورِ نیازِ ابر
به خاک
در این اطاق
بوی منتشرِ
گل ای زرد.
دودکشِ بزرگ
خاکسترِ محزون
در باران
حرفی گفت
و من در تماشایش
تا غروب پشتِ ابر
نشستم

من
در میانهٔ باران
تهی شدم
از خاک
من در وقارِ نور
پایم را
برگرفتم از زمین
من در نوازشِ برگ
با بوی گل
رفتم

بلوغ
در خانه
با دیوارِ
آجری
خون
در خطوطِ آجر
تا پشتِ پنجره
و بُعدِ نگاه
که در شیشه
ایستاد
بلوغ
در راه
و دختری
با عینکِ سیاه
و شلوغی صبح

بلوغِ من
تا پنجره میرود
تا آجر
که از شیشه
نزدیکتر
نشسته است
بلوغ
در اطاق
که ساکت است
در غروب

آتش
برپائیِ بال
بود
شب
ابرازِ
آتش
به پرواز
خطِ خاک
و هوا
در فرارِ تیره از روشن
پُر از
قققنوسها شد
هوا
صدائی کرد
از آتش
ققنوس
پرید

نِشسته ام
بیرون آبی است
و خونِ من
سرخ
ضریدرهای ارتباط
در پشت بام مقابل
ایستاده اند
خون من
جاری است
با خون من
کسی میچرخد
صدای
سرد
و سرخی
گرم.
هوای سینهٔ من
آشنای توست
که با ضریدرها
فاصله داری

هوای سینهٔ من
بیرون میآید
با رَنگ ای از خون
که تو میبینی
و در فضا
رقیق میشود

دیگر
آسمان
در دریا
جا میگیرد
برای هر ماهی
چند ستاره.
پایم را
به آب زدم
ستاره های
لرزان
در انتظارِ ابر
که از آب
رها شوند
ستاره های
بی چشمک
در آب
حل شدند
باران گرفته بود

از دانهٔ برگ
تا
بادهای فضائی
نگاهم
با توست
فقط
از این عصرِ ابر
در بارانِ سرد
نمیگویم
آنطور رفتی
که آفتاب
نفهمید
چه جور بودنم
نیست
آفتاب
نورش را
به سؤال گذاشت

کدام چای
در عصرِ
دهکده
کدام
ریزشِ آهنگ
در چرخشِ گیاه؟
من
یک نگاه ام
طویل
با آب
جاری

حرکتِ تو
سپیدیِ
ماتِ
منتشر!
مِه
امتدادِ
خوابِ من
در خیابانهاست
در پشتِ برگها
و
شاخه ها.
و این
طپشِ
سرخِ من
در سپیدی
میرود
در
گذر
به بطنِ
چشمهات.

و پخشِ
موهات
از بطنِ تو
گذر میکند
و
گذر میکند
و
گذر

نور
عمودی
بارانِ
مورب
و
بادِ
افقی.
ابر
وقتی
شکل ای داشت
که من
سنگ بودم
سنگ

آنقدر
مقدس است
که
راه نمیرود
و ابروهاش
نفرتِ
مداوم اند
آزادیِ مردم
در گوشۀ لبهاش
و
لای دندانهاش
میماسد
تا
بدانند.
وقتی
دستی
بالا بیاید
لغزشِ توُ در توُ
ابریشمِ سیاه
فرو میریزد.

خیابان
داغ است
نه چندان داغ!
کارگر ای که بود
کنار خیابان
خوابیده
خاکِ گرم
و
نوازشِ پوست
آیاتِ مقدس
و
ایمان کودک.
"زخمِ هزار ساله را
با آفتابه شستن
و گناهی
که
خاکِ باستانی
خاکِ تیمم اش
نیست"

این را گفت
و دوغ را
سرکشید
تاریخِ
دوغ
و
چلوکباب
و
گناه!

چای
در باران
با
حوضِ انجیر
شب
با
برگِ چنار
سرد میشود
یورشِ باران
بر فرشِ سنگ
و نرمیِ
شبهای
کودکیم
بی قصه ای
چراغِ
آن گوشه
روشن است

پروانه ای نبود
باغِ حشرات
در آفتابِ ظهر
با
یاد ای از انبارِ آب
نفس کشید
مورچه ها　　در بادِ خشک
در خطوطِ آجر　　تبخیرِ داغ
زندگیِ　　در سایهٔ سیاه.
ماسه ای دارند　　بالبرگِ
جشن　　زرورق
در بادِ خشک　　از سنجاقکِ سربی
با مگسهای وارونه　　فرو ریخت
کشیده بر خاک.　　و مورچه ها
از خاکِ دور　　بر آبِ باریک
فریادِ　　رفتند
ساقه های علفی　　باغِ حشرات
در تبخیرِ　　و
شیرهٔ　　تصاعدِ ملخی
پروردهٔ　　در باغِ استوائی
قرون بود　　باغِ
ملخها

ضربهٔ تار
در هواست
آرام.
پشتِ شیشه
آبی میگذرد
ضربهٔ نور
در منست
نِشَسته.
طپشِ نور
در هواست
اینجا
کسی نفس کشید
نِشَسته
تار بود
نِشَسته
نور

پرنده
با آبی
نقاشیِ قدیمی داشت
پرنده
با درخت
صحبتِ
ماندن و رفتن
در غروبِ
نسیم
درخت ماند
پرنده
در آبی
نقش ای شد

باد
نیامد
تا دیر
فردا
بازهم
بهار نبود

دیوارِ زرد
و کلاغ
در پرواز
در من
جریانِ
گذشته ها
خاک
میگردد
تلاشِ
پیچ پیچ
در این دشتِ
خاکی
من
و
پروازِ
دوُرِ
کلاغ

جدال ای نیست
حرف
با برگهاست
با ساقه ها
با زندگیِ
بی انتظارِ
این خطِ آب
که آرام
میرود

جَنگِ گذشته
با خطِ نور
در من است
راههای روان
از بغض
مسدود اند
هوای شب
ایستاده
و بر آبِ ساکن
حشراتِ غالب
حاکم اند
به آفتاب فکر کن
تا سَحَر

کنارِ بالهای
نخلِ کوچک
زندگی من با تو
گلِ سرخ است
در برف

بالهای پُر
و عصارۀ سرخ
در سفید

باغِ بی پائیز
از تمنای زرد
خالی است
برگهای سنگین
در زندانِ سبز
تکرارِ حروف
برگی در باد
تجربهٔ ریختن را
نمیداند

اینجا
سبزها
فقط
در خود میپیچند

اینجا
با ضربهٔ ساعت
آفتاب می آید
با صدای آن مرغ
باران

بادِ نگاهِ تو
بر گلها نیست
آفتاب است
بر
چوبِ خاکستری

و
آجرِ سفید
و گاهی
عطشِ
باران

انقلابِ گل
در باران
و انفجارِ برگ
بی صدا.
در صدای آب
و پرنده
آبی
ناظر بود

باران
می‌ریزد
پرنده
با شکلِ خانه اش
در باران
نِشَسته است

دستِ پیر
و سنگِ مرمر
در قدمهای عصر
از زمانِ تیله های رنگی
در کنارِ حوض
میدانی؟
آن خطوطِ سفیدِ نرم
آشنای من است
و
چهره ات
که در قدمهای عصر
نِشَسته بود.
از سبزِ آرام
در خاکستری
با گردِ سنگهای مرمر
در آفتاب
طپش دارم

این گُلِ آشنا
در باد
موجِ آشنا
با قطره بر برگ
و جهشِ پرچمها
وقتیکه نور
از کنارِ برگ
گذشت

حرفِ
نزدیکِ
منست

آتش
نبضِ گُل ای است که میدانم
از سبزهای
در گذر
با گُل سکوتی دارم
سرخ

یکنفر
با سؤال
در کنارِ خیابان
در چهره ها
ضرب نمیشود
فقط یکنفر
قائم ایستاده

صبحِ طولانی
در کنارِ باغچه
با موهای پیر
دست
و
برگ
در لحظه های
باغچه

موجِ آبِ نقره
زیرِ خاکستر
تا
خطِ مشترک
در این گوشه
برگِ
سرخِ
نور
در غروب.
تبادلِ نوری
ضربه های تو بر آب
آتشِ دیرینِ تو
و
من است
از پشتِ نخل
تا
پشتِ مِه
یک طپش
از دایرهٔ نوری
یک طپش
از این سرخِ
بی جهت
و ضربه بر تصویر
که از لحظه
هراسی ندارد

صدای حرف
از پشتِ شیشه های باز
در این
کوچه های پیچ
کوچه های غریبه
در بطنِ کوچه ها
سکوتِ باد است
و تابِ درخت
و برگِ
گذشته از نور
امتدادِ سیمهای قائم
و تیرهای قاطع
و آن سیمانِ
پَهنِ سفید
که در آفتاب نِشَسته
تبعیدِ منست

رودِ جیوه
سنگِ سرب
و ابرِ سکونت.
صداهای برقی
در پلکِ تعویض
آثارِ نوری اند
تبدیلِ کتابها
به صورتی
به آبی
به زرد...
اقدامِ من
ادراکِ توست
ساقه های علفی
قاطع اند
و افق
تصعیدِ خاک
حرفم
زبانه ای است
از آن
عنصرِ
قدیمیِ
نادر
حرفم
زبانه ای است

موجِ ماسه
در آب
بی فریاد رفت
شاخهٔ آفتاب
بر دانه های مانده
تسلیِ خشک
در بادِ ساحلی
تاریخِ
خاک و ماسه بود

موجِ ماسه
در آب
بی فریاد رفت
شاخۀ آفتاب
بر دانه های مانده
تسلیِ خشک
در بادِ ساحلی
تاریخِ
خاک و ماسه بود

قدم
و ساعت
با صدای پرنده ها
و این
گُلِ سفید
من در انحنای نخل
سکوتم   عشق است
حرفی از نگفتن
در نبضِ
این غروب

گسترشِ خاکستر
در من
با
وقت ای باد
وقت ای تامل ای
در ذرّه های نِشَسته.
حرفت اگر نبود
با خاکستر
نه باد ای

نه

تامل ای
حرفت اگر نبود
کدام خاکستر؟

شب
در صدای کرایه ها
شکلِ گرم ای است
شب
در کنارِ دیوار
سکوتِ موقت
در جعبه هایِ زرد
پیاده رو
شکلِی امید
در شب
در خیابانِ درختها
تا کوچهٔ بلند
هر شب
تکرارِ شکل ای است

نشای تازه
در غروب
در معرفیِ خاک
نه باران
نه
باد ای.
نشای تازه
در طپشِ خود
و سکوتِ خاک.
نشای تازه
در گیجیِ
قبل از رشد

در سخنِ تو
پرنده ها
از شروعی دیگرند
نگاهت
پرواز
از نزدیک
تا دور
در خنده ات
ریزشِ
کُرک پرهای سفید
در باد
حرفی بگو
تلاطمِ پرواز
نیازِ منست

خدا ای نبود
که بمیرد
پیغمبرانِ عزادار
در خیابانها
سراغِ پیروان را
گرفتند
در خانه های مذهب
سکه ای نماند
برای
نمازهای
کیلوئی

مردم
به بازیِ نور
و جشنِ آتش
و رقصِ باد
پیوند زدند
جوانه
آنجا بود
رها از بَعد

هر لحظه
شتاب
و
اینهمه آرام
فکرِ من
در حصارِ
صدای این حشراتِ مستأصل
در آفتابِ مرطوب
جهشِ
نا تمام ای است
و تکرارِ درخت
و باغ
و صداهای مستأصل
بر این جرقه های عجول
سنگینیِ بخار

باد
خط ای نوشته بود
بر موجِ آب
من با تهاجمِ پرسش
بر آب ریختم
نور
با آب
ساعتها نشسته بود

آرامشِ سفید و سبز
آرامشِ آبی
نیست
در این فضای نارنجی
تأملِ توُ در توُ
تلاشِ فراموشی است
صبح
از کنارِ کارخانه میآید
سفید و آبی
با سبزهای باد
تمامِ
چهارخانه های تیره
پُر شده اند
و
میریزند
مشبکهای من
با سفید و آبی
قرینه اند
مشبکهای تو

برگ و باد
موجِ آب
در گوشِ من
بیگانگی باد
در فضای کاکتوسی
آشناست
در دایرهٔ کاکتوس
آب
از خاکِ داغ
و خار
از گوشت
جهش دارد
سکوتِ نوریِ خورشید
در جمعِ کاکتوس ها
از ساقهٔ علفی.
برای من
فقط باد تکان ای
یادِ باد است
وموج

کنارِ آب
پرندهٔ صبور
پرنده های سریع
و من
با یک سؤال
حرفها
در جرقه های آب
از زبانی دیگر
آب میگوید
و من
در فضای خاکی
حرفم از سنگ است

ابر
منتظرِ باد
نیست
هر جا نگاه میکند
آبی است

هر لحظه
وحشت ای
از
سکوتِ
آب.
سایهٔ
چنارهای ردیف
دوُر
ایستاده
و جریانِ آب
به عمق است
رمزِ نوسانِ صدایت
در آنسوی آب
بر آب
میرود

این سویِ
سایه ها
ارتباط
گنگ است

تدفینِ تدریجی
در شهرِ بی گذشته
تدفینِ جمعی
در شهرِ تلاطم و دَم.
با هر نفَسش
یک گوشه از گذشته ام
تبخیر میشود

مرا
ابهام بگو
در زمانِ
فریبِ
صراحت!
در جعبه های پیش ساخته
مسئله ای نیست
من
گیجیِ ساقهٔ علفی ام
در بارشِ
بی جهت
توازیِ ابهام
با صراحت
کجاست؟

باغِ تعلق
در زیرِ باران
خشکید
در آن تماسِ آتش
بودن
حرارت ای شد
در انقلابِ
شعله
در خاکِ
باغِ
رفته
باد از مسیرِ آتش
سبزینه ریخت
در باغِ تلاطم
با اسطوره ها
نشسته ام

یک گربه
یک باغِ اکالیپتوس
در میدانِ آفتابی
و صدای آهن
از دور
آفتابِ عصر
هنوز گرم است
و بوی شالیزار
آنطرفها
از روی چمن
میگذرد
من
یک نقطه ام
زیرِ آفتاب

چنار
قد کشیده
سویِ خاک
مهاجر است
در حلقۀ کاکتوس
و بوته ها
با این درختهای
صمغ
رقابت ای
ندارد

در این فضای
آشنا
سایهٔ خون
بر جدارِ برگ
جاری است
هر لحظه
تبخیرِ سایه
از قلبم
آسمان را
خاکستری میکند

بید
به خود آویز است
تنها
با باد
به آب میریزد
با باد
به خاک میرود
موازی با خاک
منحنی های
سبز بر آبی را
در باد
میشمرم

بیا
دشت
مبهم است
و آسمان
دور
در خاکِ بی انسان
تنهائی
لذت ای است

بوی خاکِ شمال
در زمینِ جنوبی
با نگاهم بر آب
با آب
میروم
برگهای اینجا
همیشه خاکستری
میخوابند
در پائیز
شاید
خوابشان زرد است
من
تا وقتِ برگهای زرد
با باغ
خوابهای سبز
میبینم

پروانه
با باغ بود
رفت
وقتیکه
باغ شد

من
تبخیرِ سایه ام
در گرمیِ خورشید
موج ای
که در هوا
میرود

من
سایه ام
حریق است
تصویرم
شعله ای است عمود
از سطحِ
آینه
من را ببین
وقتی
زبانه ای

بی حرف ای از غروب
شب
اینجاست هر شب
ابرهای نازک
بی رؤیا
آبی میشوند
برای من
اما
ابر بی سیمان
فقط
در پلکهای
بسته است

قصه های من
به من
در کوچه ها
کوتاه است
شب
در اطاقِ سکوت
با یک چراغ
و یک حکایت
کنار من
صبر میکند

گیاهستان ای
در بهار
بی صدای تمدن
من
رشدِ وحشیِ باد ام
در دشت

من
انفجارِ سکوتِ
ساقۀ بید ام
بر آب
به دیدارِ من
در بهار
پا برهنه بیا

بوی کارخانه
در باغِ جنوبی
صدای آهن
در توازیِ ساقه ها
پاهای من
به گردش ای در حاشیهٔ خاکِ رام شده
راضی است
در خوابِ برگها
صفیرِ بویِ کارخانه
تکانِ پلکهاست
اما
در خوابِ
بی خواب
صفحهٔ پلکها
تصویرِ مدامِ
تقاطعِ خاکستری
خاکِ رام شده
سیمانِ بلند

در جشنِ
ساقه های
موازی
جوششِ
سبز است
در بوی
سبزه های عصر
ابراز ای
از بهار
برگ است و باد
و گفتار ای
از بهار
در پروازِ
این پرنده

خورشید
آتش
بهار
آتش
و برگ
آتش است
با کاسه ای
از آتش
با گندم ای بهار
در خانه ام نشست
جشنی
از آتش است
در نبضِ
خانگی

از باران
بهار میریزد
از برگِ سرخ
نگاهش
رنگِ گل را
از برگها
میشناسد
منحنیِ نگاهم
به پشتِ برگها
میرسد
کاغذ ای شفاف
در هواست
که
در بهارِ جنوبی
باخون
لمس میکنم

شاخهٔ سیاه
با یادِ
سوختن
در آتش
مکثِ
خطِ سیاه
در آبی
با گذرِ
بادِ
غروب
سیاهی
یاد مانده
جاری
در خونِ شاخه ها
و من

قطره ای در من
بعد از
حرفهای تو
در این
نورِ زردِ باغ
قطره ای در من
با چشمهای بسته
من
با حرفهای تو
در قطره ای
متبلورم
در غروب

برگِ سرخ
در مِه
یادگارِ خورشید است
این لحظهٔ مدام
در صورتِ
غروب

در این صبحِ باران
پرنده با من
امتدادِ گیاه است
در اطمینانِ برگها
صبرِ جوانه
کِششِ نقطه
در بینهایت
از گوشه ای نگاه کن
آسمان
ابری است

لادن در باران
و فقط
صدای باران
چشمهایت
خم شد
در خود
مکثِ سکوتِ مِه
رَنگ ای
از لادن
گرفت

وقتیکه
سیرسیرک میخواند
برگِ سبز
در باد
لرزید
برگِ سرخ
با باد
رفت
من
خانه ای
در برگها
ساختم

از طلوع
تا
غروب
یک آفتاب
در تپه ها
هنوز کسی راه میرود
تو آرام
در هاشورِ خاکستری
نشسته ای

در تپه ها
کسی میخوانَد

لادن
امیدِ سرخ ای است
در آفتاب
لادن
حضورِ ذهن
وقتیکه می باری
و این ساقه های آب
از سطح سردِ
آینه
میگذرند

زیستن
با لادن
در پنجره
وقتیکه گنجشک
میخوانَد

ساقهٔ علفی
با گِره ای
بر خاک
خوابید
بعد از باران
زیرِ خاک بود
درختِ
صد ساله
هنوز ایستاده بود
بر خاک
با گره ای
صد ساله
در دو سوی خاک
گره
تاب میخورد
در باران

از دودکش ها
سؤال میریزد
به آبی
در تقاطعِ آجرها
رسوبِ ابهام
شاخه ای
که سبز
ایستاده
تا پائیز
سبز است
در کنارِ
آجر

زردیِ کهنه
یادگارِ غروب ای است
که
کارخانه آمد
وقتیکه دودکش ها
بر گوشت
قائم شدند

و آب
روی زمین ماند
و خاکِ خشک
خیالهایش را
به خورشید ای دیگر
برد

صدای این پرنده
ریزشِ آبشار ای است
کوچک
در عصرِ ماندگارِ ابر
در نزدیکِ شب
یک برگ
زیرِ خاکستری است
سبزِ آرام ای است
که میشنود

در زندگیِ من
آب
قالبِ آتش است
مسیرِ تبخیر
از آتش
جرقه ای گرفت

برای من
شب
تصویرِ نور
در چشم است
در هر قطره
پرنده ای است
بی پرواز
در پرواز

در هر افق
مرجان ای
در آب
نفس میکِشَد

در گیجی صبح
حرف ای
از سیر ای
که پرنده دارد
پرنده
در فضای
باد
و
خورشید
نگاه کرد
بال زد
و
گذشت

خون
پیامِ قلب
جریانِ دستهاست
هر قطره اش
منم
چشمِ خون
در من
نگاه میکند
وقتی بایستد
رسوبِ خون
جاری است

صدای پرنده
آنسوی شیشه
در صبح
صدای پرنده
از پشتِ آینه
من هنوز
در سطح جیوه
ایستاده ام

تصویر من
و
صدای پرنده

به آینه نگاه کردم
پرندۀ در من
نبود
پوست
با شیشه
حرف میزد

پرنده
بازهم
از آینه گذشت

من
به سرزمینِ
ماهیانِ
هوازیست
میروم

نگاهِ من
با تصویرها
گذشتن از
لایهٔ
نقره ای است

پرنده
در فاصلهٔ دو دِه
فقط بال نزد
مسیرهای دهات
از پوشپرها
پُر اند

خورشید
به افق می‌ریزد
صورتم
در کدام آینه
پیداست؟
چند حرفِ دیگر
از سکوتِ آینه
و خورشید
می‌رود

ماسه
در باد میرود
من
در آینه
شکلهای گِلی
رهائی شان
آب است
و آب
شیفتهٔ باد
نور
آینه
و باد
سه نامِ آتش ای بود
که
بر پرنده
نشست

از فرطِ آشنائی است
ریزشِ ماسه ها
از دستت
در باد

حرفِ تو
ریزش
در باد است
کدام ماندن؟
ماسه ها
از آب گذشته اند
از دست ریخته
با باد
از آینه
میگذرند
بی سایه ای

شعر
سایهٔ منست
که با ابر
در این شب
می‌ریزد

شعر من
در آینه
ایستاده
با بینهایت
ساکت است

خورشیدِ مستطیل
و نورِ خاکستری
این آسمان
پُر از
ستاره های خاموش
است

نام تو چیست
که بر ذراتِ معلق
محو میشود؟

زمانِ درازی
آمده ام
و در دستم
جز پوشپر ای
نیست
در کنارِ این خاک
مینشینم
تا ذرۀ معلق
در خونم
بگذرد

یک قطرهٔ دیگر
بر آب ریخت
در پشتِ سالهای درازِ
بازهم
هوا خاکستری است
با اشارتی از تو
موج ای
در لابلای شاخه ها
میروم
سکوت
وقتی صورتی ها
باز میشوند
چیست؟

کدام
نقاشیِ دور
از کنارِ میدان
تا خونم رسید؟
خطوطِ تو
در فضاست
هر زنده ای
با هر نفس
نقاشی است

نه فقط
یک تصویرِ تو
پراکنده در منست
خون
با تو سفر میکند
در پشتِ چشمهام
نشسته ای
این خون اما
بر کاغذ
نشتی ندارد
شکل تو
کجاست؟

ستونهای سنگی
در بادِ سالها
ایستادند
چرخش ای از او
گردها بود
که با باد
رفت

چند فکرِ دایره ای
در فکرِ
گسستن
تا از بی نهایتِ خود
به بی نهایتِ
خط ای که نیست
بپیوندند

آتش
در حلقهٔ آتش
شکل ای است سرخ
آتش
در خطِ تست
که افق را
تا ستارهٔ دور
بی شکل میکند

گل
از شکفتن
ترس ای ندارد
پرنده
از پرواز
من از ترسِ
تهاجمِ برگها
در کنار دیوار
مانده ام

رطوبتِ حرفها
از طولِ دودکش
به خاکستری میرود
قطره ای
به شیشه خورد
کلامی که میریزد
و من
به حزنِ خاک
نگاه میکنم

خواباندنِ
شاخه های یاس
در گلدان
لحظهٔ همیشگی است
در آفتاب
ریشه های کوچک
عصاره ای
که از خاک
تا خونم
نشت کرده است

برای شاخه
اولین بار
که وزید
خم شدن
حتمی بود
برای باد
وزیدن

وجود تو
قطعیتِ
ریزشِ آب
از
ساقهٔ علفی است
اینهمه
در میان ساقه ها
زیسته ام
کافیست
ساقه ای را
بِبُرم

پوستِ من
پیوندِ ریشه ای
دارد
با ساقهٔ بهار
خونم
سرخ
تفریحِ
جوانه هاست

با خاکِ آذری
پیرم
با نسیم
جوان
در خطِ خاطرات
یک لحظه نگاه
بمن بگو
نور
پیر است
یا
جوان؟

در آن ابرِ کوچک
که آرام
از شکل میرود
زندگیِ خاک را
نوشته بود

گذرگاهِ کهکشان
از
ساقه های
علفی است
چرخشِ آن سیّاره
از
برگِ نیلوفر
چرا من
اینجا نشسته ام؟

گردِ آذری
در باد
میرود
یاد اش
مذاب
التهابِ
باد است

سکوتِ باران
پشتِ آجر
نگاهم
در آجر
می ایستد.
وقتیکه
پوستم
با باران
می نشست
خاک
همصدا بود
اینسوی آجر
فقط
سکوتِ
باران است

باران را
دوست دارم
وقتیکه
باران است
با پذیرشِ پوست
باران را
دوست دارم
وقتیکه
در ابرنشسته
وقتیکه
فقط صداست
باران را
دوست دارم
وقتیکه
فقط نگاه است
وقتیکه
باد

گلِ کوچکِ وحشی
در کنارِ باغ
گلِ آبی وحشی
در باغ
گلهای خانگی
زیر برگهای
پَهنِ سنگین
فقط گاهی
باد می‌آید

شاخهٔ شعله ها
جوانه میدهد
در ارتباطِ
خورشیدی اش
گُل ای است

هجومِ من
به من است
در کنارِ باد
ریزشِ حرفها
تهدیدِ من
پیک°دانه
بر باد
میرود
هراس ای
از شکستن
ندارد

سبزهای
آویخته بر هوا
از خاکِ ماه
میدانند
سبزهای
ریخته بر باد
از رمزِ طوفانِ خورشیدی
ساقهٔ صدسال ایستاده
از ستارهٔ دنباله دار
گفت
و برگها
شعله کشیدند

در بطنِ هر پرنده
گل ای است
صدای گلها
در این صبحِ
خاکستری
که از یخ
میریزد

درختِ زرد
در نور
چند اسب
در پشتِ
برگهای پهن
نور
در کنارِ گُل
زرد است
اسب
در کنارِ برگ
سبز

بنفش
بر شاخهٔ تنها
ایستاده
معشوقِ باد
بنفش
بر آبیِ ساکت
میداند
بهارِ دیگر ای است

از چمن
صورتی ها
در آبی
از آبی
شاخه های خون
در هوا
مانده ام

هوا
از آب
برآمد
هوا
به باد
رفت
حرفِ حباب
تبخیرِ آب بود

باد با من امروز
وزش ای دارد
جوانه ای
ترکید
حباب ای
باز شد

به آبی نگاه کن
تبخیرِ حباب
در نور
لحظه ای است

هوا
به خانه های آب
نمی پاید
نیازِ نور
و
باد
و
آب
تبخیر است

هوای مهاجر از آب
به نور
اندیشید
پوستهٔ آب
تبخیر شد

شِکوه ای نیست
فقط
باران میریزد
برگها سبز اند
و لیموها
زرد شده اند
هیچ
سؤالِ بزرگ ای نیست
اینجا
ابر
خاکستریِ روشن
و
خاکستریِ تیره است
و آن پرندۀ آشنا
بازهم
بر شاخۀ آشنا
نشسته

باز هم
پرنده
بر آن شاخه
نشسته
با نگاهِ من
بر شاخۀ دورتر
می نشیند
پلکهایم
عصارۀ شبنمِ
ساکنِ
آن شاخه است

شاخه های
خشک
پرنده های
رفته را
صدا زدند
جوانه
بر شاخه های
کشیده
در دشت

درختها
در کنارِ خیابان
من
در پشتِ شیشهٔ
اطاقِ
سیمانی
دشت
فقط
شهرت ای است

نگاهت
پرواز ای
در شب است
چشمم را ببندم
شب میشود؟

گذشتن
از خطِ سؤال
بی سؤال
طپش
در خطِ
بینهایت

از آینه
آتش میروید
از دشتِ سوخته
جوانه های
صبر
خندیدنِ تو چیست
اینرا
تو گفته ای!

در خانهٔ سیمان
تصویرِ من
کدر است
بر آینه
گرد ای
نمی نشیند

برگ
بی شرم ای از لرزش
در نسیم
بیِ فکرِ
جلوه ای
در نور
ابر ناظر
شاید ببارد
شاید
برود
برگ
برگ است

این بنفشِ متراکم
در این
غروبِ متلاطم
نگاهِ من را
می‌کِشَد
خطِ نگاهم
با او
آرام است

از گُل
تا خورشید
راه ای نیست
نور هست
و
نیاز

اینهمه حرف
با برگها
و باد
اما هنوز
باد
از پوستم
نمیگذرد

پرنده
پرواز است
پرواز
اقیانوس
پرنده
عاطفه ای است
در آبی
تو
پَرها را می بینی
پرنده
پرنده ای است
که من میدانم

پرندهٔ سیاه
تورِ سیمی
و بارشِ خاکستری
در سبز
پرنده میرود
خیال میکنم
برگ
ماندنی است

آموختن
از آن صورتی
بی محابا
میریزد
بویش
در هوا میرود
بویش
در هوا
هست

بینِ بید
و باد
فاصله ای نیست
بین این سیمانِ محزون
و آن کلبه
باد
زندگی شقایق
باد
پروازِ گلبرگ

همه جا
ابری است
تفاوت اینست
این قطرهٔ باران
آن قطرهٔ باران

ماندن
در بین ابرهای تند
باد
بی هنگام است
یا من؟

بازهم
جوانه ها
درختِ هزارساله
چه میگوید؟

صدای
هوا
صدای
برگ
صدای
شب
صدای باد
کجاست؟

حزن من
از ماندن نیست
حزن من
از رفتن
در زمینِ ابرهای تند
خاکستری رنگم
سنگِ
خاکستری

بگذار
آنقدر باد بیاید
که ابر
و آبی
پاک شود
این سنگِ خاکستری
هنوز
سنگ است

ماندن
جهش ای است
در این باد
یا
گذر در دشت؟
مکثِ
اسبهای وحشی
خون من
در این سکوت
چطور میچرخد؟

از پرنده
بی پرواز
چه میدانی؟
صبر کن
تا
نشستنِ خورشید

طغیانِ آب
خورشید هست و نور
آب
با گِل میرود
در جستجوی
چشمه ای
که بود
و خورشید
در لای سنگ

شعر
در آتش
پرنده ای
با پروازِ منحنی
و سنگ
در خشکیِ غبار
سکوتِ سنگ
در کنارِ پرومته
از ترس نبود
سنگ
خورشید و شب را
میشناخت
هر بار

بادهای عرضی
گلبرگهارا
می‌بَرد
بادی دیگر
برگِ چناری آورده
هوا
پُر از
بوی
برگِ چنار است

به درختها
نگاه میکنم
در انتظارِ
برگِ
رهائی

اینجا
برگ ای
نمیریزد
درختهای چهار فصل
همیشه
خاکستری اند

تا شعر هست
گلها
بازهم میرویند
و تو میخندی
تا شعر هست
خورشید می آید
و باران
و یاد تو
که
در هواست
در هواست

از ابر
و برگ
و آن گلِ کوچک
به خاک میروم
به آب ای
که فرو رفت
شاید
آبم
و
برگ
شاید
شعرِ گلِ
کوچک

میبینی؟
اسبها آمده اند
بی آنکه
در فکرشان باشم
اسبها آمده اند
یکباره
منم
و این دشتِ تا افق
و اسبها
و شورش ای
که نمیدانستم
نگاه کن
نگاهِ اسب اینجاست

جوانه
بعد از گل
و یکسالِ دیگر
آنطرف
درختها را میبرند
درختها
با جوانه
بی هراس ای
ایستاده اند

از سکوتِ برگ
در نور
تا پروازِ پرنده
در باد
میپرسم
در پشتِ دانه ها
چیزی نشسته
در بطنِ نور

باغچه پیداست
باغچهٔ کیست
یک درخت
و چمنهای ساکت
تا دیوار
من به فکرِ
علفهای یاغی ام
و گلهای محو
و دیوار ای
که در باران
نیست
و در باد
و در باد زیستن
زیر باران

صدای کلاغ
با خلوتِ من
یکرنگ است
خون میچرخد
و نگاه
این منم
مسدود
در پوستِ سنگ

صبحِ خاکستری
با صدای پرنده ها
بعد از باران
آرام است
من
خشک نشسته ام
و صدای پرنده ها
از پشتِ پنجره
می‌آید

سکوت
تخریبی است
وقتیکه
باران میریزد
گوش کن
شنیدن
سکوت نیست

پرسشِ
آن گل
چیست
در باران
با باد؟
از کنارش
آرام
میروم
رمزِ سؤال را
باد میداند
و گل

پرواز
و
باران
دو خطِ عمود
پرنده های شهری
قهوه ای اند
نشسته بر طاقها
من
و مِهرِ قدیمیِ باران
و فضای
پروازهای رنگی
با صدای باران
رفته ام
آنجا که
پرنده های دست آموز
نیست

صدای باران
زمان ندارد
صدای پرنده ها
صبحِ بی زمانی است
در این خانهٔ
تازه سوخته
باد
یادِ سوخته هاست

در اطرافم
تقارنِ کروی است
و سالها
روی خطی راه رفته ام
قطره ها
میریزند
از خاکستریِ آشنا
بر انحنای پلک

من
تقارنِ
منحنی ام
در باد

زرد
و
سبز
و
سیمان
با صدای پرنده
در خاکستری
و تداومِ قطره ها
لحظه
مکث کرده است

پرنده های کتاب
تا دوُر پریدند
وقتی
جوانه های کتاب
در باد
باز شد
هر پرواز
فکر ای مهاجر
تا زمین ای
که آشناست

و نیست

یال این اسبها
ساکت است
با باد
کناره های بال
در پروازهای دور
یالهای ساکت است
در گفتگوی
یال
و
بال
نگاهِ تو را می بینم

سنگینی هوا
بر روی آب؟
هوا
بی سایه ای
جاریست

نگاه تا غروب
و پرنده ای نیامد
این باغ
از پرنده ها
پُر است

برگ
نقاشیِ هواست
در باد
شاخه ها
مشتاق
ایستاده اند
و پرنده
نگاه میکند

شمشیرِ کشیده
تا کجا می‌روی؟
دشمن
با تست
در خطوط
ابروها

تند میروی
و پرنده
تکرارِ یک صداست
با ریزشِ برگ
بنشین

سایه های سیمان
بر سیمان
در تمامِ روز

شب
سایه ها
جذبِ
دانه های
سیمان اند

فکرِ
تبخیرِ
سایه
در کنارِ
آجر

سنگهای
بوته های
مثّلث
و شمشادهای
مکعّب
در باغِ
منظّم
وقتِ رفتن است
رشد درختها
در شب
چه نظم ای دارد؟

بارشِ
بویِ پرواز
پرنده ای
که ندیدی
و رفت

تصویر
پرندهٔ حماسی
در کتابها
از کجاست؟

تبادلِ علفی
در سبز ایستاده
پرنده
در آبی میرود
منتظر چه هستم؟
باد؟

دور شهر
آینه است
گذرگاهِ
آن راهِ
جنگلی
از آینهٔ شکسته
میگذرد

جوانه های
آرام
در صبحِ
سفید
و منحنی های
صورتی
در کششِ
آبی
صدای
پرنده ها
با ریختنِ سفید
بی ترسیمِ
نغمه ای
برای
شاخه ها

پرنده های آشنا
رفته اند
و زمین
برفی است
شعری بخوان
در انتظارِ
ابرهایِ
در گذر

در باد
نه برگم
نه خاک
نه انقلابِ باد

من
باد و برگ و خاکم
در انقلابِ برگ
در خاک
با باد

خورشید
پائین رفت
و پرنده
خواند
ببین!
پرنده خواند
و من
صدایش را
شنیدم

دایرهٔ زرد
و اغتشاش در من
در این صبحِ ساده
کنارِ درخت و باد
من
غریبه ام

زیر این درخت
ایستاده ام
تا باران
قطع شود
حزن من
خاک را می شوید
به رود
در
باران

باران
و ریزشِ گلبرگها
اما
بوی این گل
در خاطرِ من است
با قطره های
باران

قطرهٔ باران
در حاشیهٔ
برگِ
کاکتوس
نور
نگاه میکند

حرفِ پرنده
ضربه های نوری است
در سایه نیستم
از چه میترسم؟

میدانم
خانه ات
از گلها
پُر است
هیچوقت
گلدانها را
آب داده ای در سکوت؟

توازیِ سبک پَرها
شاید
باد بیاید
شاید
باد نیاید
پرواز
در گذرش
ماندنی است

پرواز
بی صدا
خاصیتِ
پرهای تست
اما
درختان میدانند
تو
آمده ای

شاخهٔ ارغوان
در غروبِ
بی انتظار
و گیجیِ باد
در این
زمینِ دور
حیاطِ
کوچکِ
آنجا
هنوز
در سینهٔ منست

با دستهای باز
ایستاده
پیر
با پلکهای باز
و در پشتِ چشمهاش
غروب ای است
که
به خانه اش رفتم

هر خطِ فکر
هجوم ای است
در این
تهاجمِ
مخططِ
خسته

چطور
باران
آرام
میبارَد؟

نه گل ای
به رنگِ زرد
یا
سرخ
من
از گل ای میگویم
که رنگ
بنامِ اوست

ناگهان
شاخهٔ ارغوان
در زمینِ دور
و من
با زمینِ غریب
حرف زدم

طپشِ من
تفاوتِ گلها
در این
باغِ شهری است
تو میگوئی
بوی کارخانه
حاضر است

از شهرِ کوچک
کنارِ باغ
تا
باغچه
کنارِ شهر
چیزی
ادامه داشت

برگِ انجیر
کنارِ
ساقۀ انگور
در این
زمینِ دور
خاکِ من
اما
از کوه
و
آبها
میگذرد

سفیدی
در نبضِ طلوع
چشمانِ گیج
در سفیدی
همهمه
در پشتِ
شاخه ها
قبل از طلوع
فقط
صدای یک پرنده
در طلوع

در تدریجِ منحنی
چشمانِ
من
بی صبر است
در تدریجِ نور
تاریک
قرار ای
با سپیده بگذارم
در نرمشِ
سحر

خاموش
در صندلیِ همیشه
منتظرِ خورشید
نشسته ای
خورشید
به آنطرف
چرخیده
تو نمیدانی
اطاقت
روشن است

کنارۀ هر علف
خنجر ای است
در کنارِ کارخانه
چه کسی
پابرهنه
راه خواهد رفت؟

تدریجِ نور
در غروب
اشارتی
به صبرِ
جاری
در قرونِ
منقلب
زمان مُرد
اما
صدا و نور
در پشتِ شاخه ها
آرام
حرف میزنند
و من
با صبر

شاخه ها
در طلوع
از گفتگوی شبانه
بیدارند
صدای شب
با طلوع
از شاخه ها
تبخیر میشود

حکایتِ گلها
آشناست
چه در گلدان
چه در دشت
حکایتِ تو
چیست
در این
باغچه؟

کدام فاصله
از دشتِ دور
تا باغچهٔ سفالیِ
ایوان؟
باد
از هر ذّره
میگذرد

کهکشان
کنارِ برگ
در آب
به قطره ها
نگاه کن
بینهایت
کنارِ تست

حزنِ ١٤
در ابرِ ٣٥
آنسویِ خاک.
جوانیم
در ابر ای است
که میرود
تا بر آبهای بی نام
ببارد

یأس پنهان
پشتِ
برگهای
بی هدف
تا پائیز
میپاید
یأس عریان
هیمهٔ زمستانی است
در
آتشِ من

پرنده
در ایستگاهِ
قطار
و اندیشۀ
سفر
در این روزِ
تعطیلی
و بادِ آرام

پرواز
یا
بلیطِ شب خواب؟

نه سایه ای
در پرواز
نه سایه ای
در صدا
پرنده در نور
میگذرد
من هنوز
در شمال و جنوبِ
زیستم
ایستاده ام

شروعِ باران
و مردِ
بی شمشیر
در تراکمِ درخت
هر شاخه
شمشیر ای است
در باران
حرف از
تهاجم است
یا
تسلیم؟

ابر از تو
بی نقاب است
باد از تو
بی غلاف
گلهای بی حجاب
از اخلاق
عاری اند
در این صبح
آرامِ
بی فرمان

در این
صبحِ شبنمی
قدمهایم
عاشقند
نه در برگِ تازه
قضاوت ای است
نه در
شاخه های
شاد
من
از بوی بارانِ
دیشب
نه اخلاق دارم
نه
خانه ای

موهایم
به دستِ ابر
خیس اند
از بارش ای
که بود

در ایثارِ
شاخه ها
نیاز ارتباط ای است
که
موهایم
شنید

در زبانه های
فرارفته
از خود
عقل
تبخیر میشود
در این غروبِ
باران
صدا
صدای پرنده ای است
که
از آن زبانه
میخوانَد

خونِ و نمک
و
خاکِ خشک
از راهِ دور
شعری یگانه
با دیوارهای
کاهگلی
خاک و نمک
و
خونِ خشک
شاید پرنده ها
بیایند
هنوز
جوانه ای
در خونِ خاک است

پرواز
خونِ گُل است
پوشپرها
گلبرگ
پرنده ای که میرود
نه برای گل میخواند
نه
برای افقهای دور

پوشپرها
در خونِ من
فریادِ
پرواز اند
من
هرلحظه ام
خونِ
جوانه ای است
با تو

گم شدن
در کوچه های
آشنا
با هر آشنائی
یک گم شدن
هر کوچه
بیابان ای است
هر گل سرخ
در شب
یک شورش

کدام اعتماد
به باد
یا
به برف؟
گل
تسلیم است
به بوی خود
که تا دوُر
میرود

برگ
با خاموشی
نمی‌خوانَد
در این باد
با بالهای تو
من
چگونه خاموشم؟

بی شوقِ
حکومت ای
گل باز شد
بی اندیشۀ
روش ای
باران ریخت
من
در کنارِ
ابر
با گفتن ای
بی اندیشۀ
"کدام"
میگذرم

انتحارِ
قطره ها
روی سیمان
و قتل عامِ
ساقه های علفی
در باغِ
خشک

نمایشِ
خواهشِ
منعطف

پیوندِ بید
در باد
با نگاهِ
منست
و
آب
بید
تعهدی
با بازار میوه
ندارد

وقتِ پرتاب نیست
پرتاب است
من
در این پرتاب
منتظرم
در این طوفان
گلبرگها
جشنِ پروازند
و سنگ
منتظر

حرکتِ برگ
دعوت ای است
به باد
حرکتِ ابر
دعوت ای است
به آبی
از شیشه بگذرم
درخت و باد
منتظرند

پرنده
با کدام صدای قانونی
پرواز میکند؟
باد هست
و باران
و برگهای قانون
در باد
و حرفهای قاضی

در باران
پرنده
پرواز است
و مُهرِ سربی
انعطافِ ساقهایش
صدای پرنده
پرواز است

ماسه های
سرزمینِ
خواب
در آفتاب
بغضِ من اند
یک آشنا
به "باغچه" رفت
یک آشنا
به "متنِ سپید"
و من
در این بندرِ
معلق در دود
بغضم را
فقط
ستایش میکنم

پر سفید
ابر سفید
و باد
که سراسیمه نیست
و من
که بین بال و سنگ
بُعدِ سراسیمه ام
شاید
یک ریزشِ باران
پرواز را
به پوستم
بکِشَد

یک روزِ سنگ
پشتِ
شبِ
خاکستر
انهدامِ خطوط
از درون است
که سنگ و خاکستر
هردو در باد
میروند

دو خورشیدِ سبز
در دو سویِ
آن افقِ
خاکستر
در فضای
بادهای
عمود
و درختهای
سرخ
با رشدِ
افقی
نیازِ من
به گریزِ خون
از ابعادِ تکراری است
و زیستن
در سرخِ
بی بُعد

شب
وسیع نیست
برای
چشمانت
شب
طویل نیست
برای
نیازم
حادثهٔ
تلاقیِ
پلکهات
رسیدنِ
شب نیست
رفتنِ منست
به آنسوی
راز

از داستانهای کودکی ات
آبی در افق
محبوس است
و در تفاهمِ موهات
گستردهٔ
یاد مانده ها.
در شرابِ سرخ
درک من
مخفی
است

با وام ای
از پرنده
و
کتاب
من
برای پرواز ام.
بادها
نسیم میشوند
و نسیم
بر خونم
وزشِ
بالهای
مرغِ دریائی است
بر
آبهای وسیع

من
از تقاطع
به منحنی رسیده ام
در توازیِ
باد
و
نسیم
و
پوشپرهای سفید
و
خون

پرنده
خلوتِ آسمان
در روز است
وقتیکه من
با حزنِ ناشناخته
تنها هستم
پرنده
گفتگوی آسمان
در شب است
ومن
در همهمهٔ تکرار ام
صبح میشوم

گفتگو
با پرنده و بید
اصلِ
منست
تنویرِ
حروف
از جمجمه ام
رَنگِ خون دارد
و خونِ
بی بُعدم را
پرنده
و
بید
می بینند

حرف آنجاست
که
پرنده هست
و ساقهٔ علفی
در نورِ
ناگهان
نه
پرنده ای
نه
ساقه ای
اما حرف
باقی است

پرنده ها
همه در باران
خاموش اند
این صدای
کدام
پوشپر است
که از ابر
میگذرد
و
به سنگ
میرسد؟

شقایق
در برف
یادگارِ آنکس
که
از تاریخ گریخت
آتش ای
که در برف
زنده ماند
و بر خشکیِ قانون
نشست
شقایقی
که در آتش
روئید
و با خون
جوانه زد

در این عصرِ
مشکل
خون من
فرمول ای ندارد
در این
بندرِ
مسطّحِ
منظّم
خونم شور
از نمکزارِ آفتاب است
و صدائی که میشنوم
از پرنده ای است
که
از خونم
میپرسد

گل
باز شد
بی امیدِ
معجزه ای
گل
فروریخت
بی ترس ای
از عاقبت
گل
همیشه با من ماند
و بویش
که رازِ
نسیم بود

پرنده
پروازش را
در من ریخت
و من
کتابِ قرون را
با دستهایم
در آتش گذاشتم
قانون
در آتش
مستأصل است
و دستهایم
با زبانه ها
پرواز

من از تو
شعرم
من از تو
بی من
حرفِ تو
خونِ منست
داغ
شقایقِ
آن غروب
از قرون گذشت
تا در خونِ من
حرفی از تو
بریزد
من
حرفِ توام
جاری
وقتیکه
قانونِ آهن
در آتش است

پرسیدی
نجات دهنده کجاست
وقتیکه
پرنده میخواند
و گل
در باد
زندگی میکرد
و تو
نشسته بودی
نجات دهنده
در میدانِ شهر
سالهاست
با دستهای کشیده
ایستاده
بر سکوی سنگ
و صورتش
از آب و اکسیژن
مدتهاست
میخارد

در سفرِ
منقوش
زمین خشک بود
و برگها
نا مأنوس
از پرنده نمیدانستم
وقتیکه
در خاکِ خسته
به معجزه
امید بسته بودم
و باد
برخاک
میکوبید

صدای
باغ
در غروبِ
تابستان
چیزی به ماه گفت
و ماهِ
ساکت
آب را
به خاک
کشید

گفتگوی
برگ
با
باد
عریان است
گفتگوی
برگ
با
باد
بی مکان
گفتگوی
فاش
راز ای است
که
ساقهٔ علفی
میداند
و خورشید
که
پشتِ ابرهاست

چراغِ
افسرده
نور از ماه میگیرد
در صدای شبانهٔ باغ
چراغ
تنهاست
و نور
در پشتِ فتیله
مخفی است

در تمدنِ پرندگان
پرواز
شهرِ صداست
انگشتهام
پوشپر میشوند
و
تا بال
یک تمدن
باقی است

مرجان
در آب
ساقهٔ علفی است
مرجان
در باد
سنگِ آهک
بادِ نگاهِ تو
مرجانِ از آب رفته را
طغیانِ آب
میکند

ماهی
در مرجان
پرنده
در درخت
و نگاهِ تو
در من
جوهر ای است
که
نه
در آب
نه
در باد
نه
در خون
می ایستد

از هیاهو
تا
خاموشی
و از خاموشی
تا
سکوت
و سکوت
انقلابِ نگاهِ من
به من است

نورِ ماهی
سعی ندارد
خورشیدِ آب باشد
بر خطِ خود
عمود است
که خورشید را
ببیند

توازی
ماهی ها
در آزادیِ
مسیرهای
دریائی
معلق است
جاری
جمعِ
ماهی ها
احتیاجی به رأی
ندارد

جاودانی
نگاهِ
بی شکلِ
تست
که
با نیازِ من
هماهنگ است

و من
در لباسِ
حزن
در انتظارِ
عریانی ام

وقتیکه فهمید
شعر را دوست دارد
دیر شده بود
رفتن
در او
جوانه میزد

بهار
تنها نیست
با رودخانه
و باد
میروید
بهار
بی شکل است
با گلها
بی گلبرگ
بهار
شوریده بر خود
استواریِ
باد است
رها
از فصول
در مسیرِ خود
جاری

بعد از دویدن
نفَسم
به دیوار
رسیده است
چند قدم دیگر
و باید
کاری بکنم

گلبرگهای
آبی
زیرِ
درختِ پیر
آهسته
رد شوم
یا
تند
درخت
پیر است
و گلبرگها
ریخته

از ماهی
چه میخواهم
و
از مرجان؟
بازارِ فروشِ
تجربه های
جزیره ای
در فصلِ
انفجارِ باران
هنوز
رایج است
من
بی دانش ام
و
در جزیره
جا نمی گیرم

درختِ
باد
از پرنده ها
تهی است
در این عصرِ
منحنی
بر خیابانِ
خالی
میوزد

من
پرنده ام
بی انتظارِ
دیدن
بی پرنده ام
هنگامۀ
نگاه
با
پرنده

خوشه های
باد
خورشید را
از صبح
به شب بردند
خورشید
از کنارِ دیوار هم
گذشت
و من
ایستاده بودم

سکوت
منحنی است
و زیستن در برگ
منحنی است
و تاب خوردن
با خوشه های باد
خوشه ها
صبورند
و من
غمگین

خون من
صدای
پرنده است
نگاهم
نیازِ پوشپر
در دیدنِ
پرنده
پرواز
و
صدا
در افق
میریزد

برگی
که از درخت
ریخت
برگ و درخت بود
برگی
که با درخت
ماند
بی برگ و
بی درخت

عاشق تر از
غروب
ساکت تر از
برگهای آویخته
و
تجسمِ آبی
در انفجارِ
اشتیاقِ این ساقه
پرنده
در من بود

ناگهان
شکستنِ
فانوس
بی اختیار
در جنگلِ غریب
یا
خاموش کردنِ
آرامِ
شعله اش
جنگل
سؤالِ منست

نه
بالِ پرنده
مهربانِ
دستهایم هست
نه
در زیرِ بالهایش
آرمیده ام

در عمقِ
تنهائی
خیال هم
از من
میگریزد

در انحنای
آتش
سوزاندن است
در انعطافِ
پرواز
جدائی
در بطنِ
پرواز
امیدِ
بازگشتن
در روی
شاخهٔ آشنا
یکبار دیگر
نشستن
پرواز
آتش است
از هر زبانه
پرنده ای
که یکی است
بال میکِشَد

در حرکتِ
برگهای
سرازیر
حرف از
خداحافظی است
در شاخه های
چند ساله
حزن ای
نیست

هم
ابرها
هم
ریشه ها
مفهومِ
این نسیم را
بمن
میگویند

کوچه باغ
بی آوازِ تو
دیوارِ
آجری است
چه دعوتی است
به باغ
وقتیکه
سیرسیرکها هم
نمیخوانند؟
دیوارهای
روستائی
شاید
از آفتاب
نقشِ تورا
دارند

پرواز
در آتش
گفتگوی
بال است
و
زبانه ها
نه
تداخلی
از پرنده
نه
شکوِه ای
از آتش
پرواز
شعله ای است

با خاک
مهربان ام
یا خاک
مهربان است
پیوندِ
خاک و باد
جریانِ
من است
در اتّصالِ باد
کدام جریان؟